Inhalt

Fleißige Heinzelmännchen - Immer mehr Lagerlogistiker setzen auf mobile Datenerfassungsgeräte

Kernthesen

Beitrag

Fallbeispiele

Weiterführende Literatur

Impressum

# Fleißige Heinzelmännchen - Immer mehr Lagerlogistiker setzen auf mobile Datenerfassungsgeräte

Harald Reil

Kernthesen

- Mobile Datenerfassungsgeräte sind schnell, effizient und umsatzfördernd. Eine moderne Lagerverwaltung kommt ohne sie daher kaum mehr aus.
- Auch der Mittelstand hat die mobile Datenerfassung bereits für sich entdeckt: Einer Umfrage zufolge arbeiten 50 Prozent

der mittelständischen Firmen mit den elektronischen Helferlein.
- Der Großteil der Unternehmen setzt auf die Barcode-Technologie. Weit abgeschlagen auf den Rängen landen RFID und Datamatrix.
- Enterprise-Resource-Planning-Systeme (ERP-Systeme) mit integriertem mobilem Lagerverwaltungsmodul halten die IT-Infrastruktur schlank und vermindern den Wartungsaufwand.

Beitrag

Mobile Datenerfasser kurbeln den Umsatz an

Es lässt sich trefflich darüber streiten, ob die moderne Technik das Leben wirklich einfacher macht. Aber es wird wohl kaum einen praktisch veranlagten Lagerverwalter geben, der sein elektronisches "handheld", hat er erst einmal gelernt, damit umzugehen, freiwillig gegen Papier und Bleistift eintauschen würde. Zu offensichtlich sind die Vorteile mobiler elektronischer Endgeräte für die Datenerfassung: Sie sind weit weniger fehleranfällig als das menschliche Auge; sie arbeiten schnell und effizient; sie sorgen in Zusammenarbeit mit Enterprise-Resource-Planning-Systemen für mehr Transparenz; sie liefern Informationen in Echtzeit; sie schaffen dadurch die Voraussetzung für die Fertigung von Waren "just in time"; und das Wichtigste von allem: Sie kurbeln dank ihrer Vorzüge natürlich auch den Umsatz an. Es ist daher kein Wunder, dass das produzierende Gewerbe in der Lagerlogistik immer mehr auf diese fleißigen elektronischen Heinzelmännchen setzt, die kaum Platz wegnehmen, äußerst robust sind und Tag und Nacht zuverlässig ihren Dienst tun. (1)

Barcode-Technologie hat bei Mittelstand die Nase vorn

Auch der Mittelstand hat die mobile Lagerverwaltung natürlich schon längst für sich entdeckt. Eine Umfrage, für die Sage, weltweit einer der führenden Anbieter für betriebswirtschaftliche Software, die Marktforscher von RAAD Research beauftragt hat, förderte Folgendes zutage: In Deutschland bauen bereits 50 Prozent der mittelständischen Unternehmen auf die mobile Datenerfassung. Davon wiederum arbeiten 81 Prozent mit der Barcode-Technologie. Weitere elektronische Erfassungssysteme sind Datamatrix und RFID (Radio

Frequency Identification). Gegen den Barcode konnten sich diese beiden technischen Standards allerdings nicht durchsetzen. Nur sieben Prozent der Firmen, die für die Studie "IT im Mittelstand 2011" Rede und Antwort standen, vertrauen auf RFID und nur drei Prozent auf Datamatrix. (1)

Schneller, effizienter, weniger Fehler

Die Vorzüge von mobilen elektronischen Erfassungssystemen lassen sich anhand der Barcode-Technologie leicht nachvollziehen: Bereits beim Eingang der Ware wird diese mit Etiketten ausgezeichnet, die alle wesentlichen Angaben enthalten. Dazu zählen zum Beispiel Inhalt, Menge und der Platz im Lager. Ein Scan speichert die Daten und bildet von nun an jede Bewegung der Ware in Echtzeit ab. Kommissionierer erhalten bei der Zusammenstellung von Produkten optimierte Wegevorgaben, um Zeit zu sparen. Das wiederum kommt der Schnelligkeit beim Produktionsprozess zugute und optimiert zudem die Anlieferungszeitpunkte für neue Materialien. Auch die Inventur wird durch den elektronischen Scan der Warendaten wesentlich vereinfacht. Zahlendreher, die sich bei der händischen Erfassung nicht vermeiden lassen, gehören damit der Vergangenheit an und ebenso die lästige Suche nach Fehlern. (1)

Integrierte Systeme verschlanken IT-Infrastruktur

Da die Effizienz und Schnelligkeit einer mobilen Lagerlogistik am besten nicht mit einer aufgeblähten IT-Infrastruktur erkauft werden soll, ist es in vielen Fällen ratsam, auf Lösungen zu setzen, bei denen ein Logistikmodul in die ERP-Lösung integriert ist. Das vermindert Schnittstellenprobleme und hält auch den Wartungsaufwand in Grenzen. Entsprechende Lösungen bietet zum Beispiel die Sage Software GmbH an. (1), (5)

Trends

Eindeutiger Trend: Lagerlogistik setzt auf Mobilität

Über kurz oder lang wird es sich wohl kaum ein Unternehmen mehr erlauben können, auf die mobile Datenerfassung in der Lagerlogistik zu verzichten. Zwar gibt es noch Branchen, wie zum Beispiel die Kunststoffindustrie, die nur zögerlich in die

Anschaffung von Mobillösungen investieren. Das liegt aber vor allem daran, dass ihre Lagerlogistik-Prozesse so komplex sind, dass die bestehenden Systeme ihre Anforderungen noch nicht zu ihrer vollsten Zufriedenheit erfüllen. Mit maßgeschneiderten Angeboten wird sich dieses Problem aber von selbst geben. Die bereits zitierte Studie "IT im Mittelstand 2011" stellt jedenfalls fest, dass 73 Prozent der Unternehmen, die zukünftig auf Mobilgeräte zurückgreifen wollen, diese im Lager einsetzen wollen. Der Trend ist also eindeutig. (1)

Fallbeispiele

Elektroindustrie baut Investitionen in Mobillösungen aus

In einer Umfrage, die das Marktforschungsinstitut Raad Research zu den Investitionsvorhaben heimischer Unternehmen der Elektroindustrie gestartet hat, trat Folgendes zutage: 74 Prozent der 163 befragten Finanz- und IT-Leiter planen Ausgaben für Mobillösungen in der Lagerlogistik. Auf den Plätzen folgen Mobillösungen für die Produktion (39 Prozent der Nennungen) und für die Auswertung von

Geschäftszahlen (zehn Prozent). (2), (3)

Auch in der Kunststoffindustrie sind mobile Helferlein im Kommen

Auch in der Kunststoffbranche zieht die Nachfrage nach Mobillösungen für die Lagerverwaltung langsam an. Das ist eines der Ergebnisse der Studie "IT in der Kunststoff verarbeitenden Industrie", zu der im Frühjahr dieses Jahres 262 Unternehmen befragt wurden. Zwar kommen bisher noch 45 Prozent der Firmen, die sich an der Umfrage beteiligt haben, ohne elektronische Helferlein im Lager, in der Produktion und im Betrieb aus, der Trend weist aber in die andere Richtung. Unter den wichtigsten zukünftigen IT-Projekten belegt die Investition in mobile Lagerlogistik immerhin den dritten Rang - knapp hinter der Betriebsdatenerfassung und dem Spitzenreiter ERP-Systeme. Von der Umstellung auf die mobile Lagerverwaltung erhofft sich natürlich auch die Kunststoffbranche schnellere Prozesse und mehr Transparenz. Auf den ersten Blick erstaunlich ist allerdings, dass die Lagerlogistik bisher relativ zurückhaltend in Online-Systeme investiert hat. Des Rätsels Lösung: Noch scheint es nicht genügend Angebote zu geben, die die komplizierten Vorgaben von kunststoffverarbeitenden Betrieben umsetzen können. Ist der Mangel erst behoben, gibt es wahrscheinlich kein Halten mehr. (6)

Ipsen International: Mobillösung erleichtert den Überblick über den Warenfluss

Ipsen International mit Sitz in Kleve hat die händische Eingabe von Identifikationsdaten für seinen Warenbestand in sein ERP-System durch eine moderne elektronische Mobillösung ersetzt. Der Hersteller von Wärmebehandlungsanlagen erhofft sich dadurch eine schnellere Lieferung des zur Fertigung nötigen Materials vom Lager in die Produktionshallen. Mithilfe der Barcode-Technologie kann das Unternehmen aber auch den gesamten Warenfluss überblicken - angefangen vom Eingang des Materials, über seinen Standort im Lager, seinen Platz in der Produktion bis hin zum Endprodukt und der schließlichen Auslieferung an den Kunden. Eventuelle Probleme lassen sich so viel leichter identifizieren als früher und daher natürlich auch schneller lösen. (4)

Silgan White Cap hat mithilfe von

SAP WM seine Lagerlogistik optimiert

Silgan White Cap hat es geschafft, seine Lagerlogistik mithilfe modernster Technologien zu optimieren. Das Unternehmen, das sich auf die Herstellung von Verschlusskappen spezialisiert hat, nutzt dazu SAP WM. Das System hat hauseigene Lösungen abgelöst und lässt sich auch länderübergreifend einsetzen. Verantwortlich für die Implementierung war das in Stuttgart ansässige IT-Unternehmen Klumpp Information GmbH. Einige der Vorteile des neuen Lagerverwaltungssytems: Silgan-White-Cap-Mitarbeiter erfassen alle relevanten Lagerdaten über mobile Datenträger und speisen sie direkt in das SAP-System ein. Damit gewinnen die Verantwortlichen in Echtzeit einen Überblick über den Status Quo von Lagerbeständen und können Mitarbeiter und Gabelstapler entsprechend disponieren. Warenbestände lassen sich außerdem so einlagern, dass sie auch schnell wieder ausgelagert werden können. Das spart Zeit und Geld. Die Effizienz des Systems hat auch die Inventur wesentlich vereinfacht. Die aufwändige Suche nach Fehlern gehört der Vergangenheit an. (7)

Casio DT-X8: Mobiler

Datensammler für die Lagerlogistik

Hart im Nehmen und multifunktional ist der Datenerfasser von Casio, das der Elektronikkonzern mit Hauptsitz in Tokio auf den Namen DT-X8 getauft hat. Das knapp 300 Gramm schwere Gerät ist sturz-, wasser- und staubresistent. Das Gerät ist in der Lage, alle gängigen Barcodes zu identifizieren und große Datenmengen zu verarbeiten. Eigens für die Lagerlogistik entwickelt, lässt sich DT-X8 gleichermaßen komfortabel von Links- und Rechtshändern bedienen. Der mobile Datensammler ist außerdem mit einer RFID/NFC-Schnittstelle (Radio Frequency Identification beziehungsweise Near Field Communication) ausgestattet, die es dem Nutzer erlaubt, jeden x-beliebigen Gegenstand mithilfe elektromagnetischer Wellen schnell und eindeutig zu lokalisieren. Der Akku erlaubt dem Nutzer eine Arbeitsdauer von bis zu 20 Stunden. (8)

Weiterführende Literatur

(1) Lagerlogistik wird zunehmend mobiler aus "Computerwelt" Nr. 19/2012 vom 21.09.2012

(2) Studie IT im Mittelstand: Elektroindustrie investiert in Informationstechnik und neue Standorte

Hohe Planungsquoten bei CRM, DMS und mobilen Lösungen
aus Industrieanzeiger, Heft 12, 2012, S. 20

(3) Betriebswirtschaftliche Software Elektroindustrie investiert in mobile Apps, CRM und Dokumentenmanagement
aus www.elektronikpraxis.de vom 10.07.2012

(4) Daten aus der Luft gegriffen
aus Markt und Mittelstand vom 05.10.2012, Nr. 10, S. 54

(5) Softwaremodul für mobile Lagerlogistik schafft mehr Effizienz in der Logistikkette
aus MM Nr. 37 vom 12.09.2011

(6) Studie K-Industrie
aus KM Kunststoff-Magazin, Heft 10/2012, S. 12

(7) Immer der passende Deckel
aus LOGISTIK HEUTE, Heft 09/2012, S. 44-45

(8) Mobile Datenerfassung Scannen im Nah- und Fernbereich
aus Industrieanzeiger, Heft 5, 2012, S. 60

Impressum

Fleißige Heinzelmännchen - Immer mehr Lagerlogistiker setzen auf mobile Datenerfassungsgeräte

Bibliografische Information der deutschen Nationalbibliothek

Die Deutsche Nationalbibliothek verzeichnet diese Publikation in der deutschen Nationalbibliografie; detaillierte bibliografische Daten sind im Internet über http://dnb.d-nb.de abrufbar.

ISBN: 978-3-7379-1135-1

© 2015 GBI-Genios Deutsche Wirtschaftsdatenbank GmbH, Freischützstraße 96, 81927 München, www.genios.de

Alle Rechte vorbehalten. Dieses Werk ist einschließlich aller seiner Teile – z.B. Texte, Tabellen und Grafiken - urheberrechtlich geschützt. Jede Verwertung außerhalb der Grenzen des Urheberrechtsgesetzes bedarf der vorherigen Zustimmung des Verlags. Dies gilt insbesondere auch für auszugsweise Nachdrucke, fotomechanische Vervielfältigungen (Fotokopie/Mikroskopie), Übersetzungen, Auswertungen durch Datenbanken oder ähnliche Einrichtungen und die Einspeicherung und Verarbeitung in elektronischen Systemen.